GEORGE DURRWELL

DROIT ANNAMITE

LA FAMILLE

ET

le Culte des Ancêtres

SAIGON

Imprimerie Nouvelle COUDURIER & MONTÉGOUT

1906

GEORGE DURRWELL

DROIT ANNAMITE

LA FAMILLE

ET

le Culte des Ancêtres

SAIGON

Imprimerie Nouvelle Coudurier & Montégout

1906

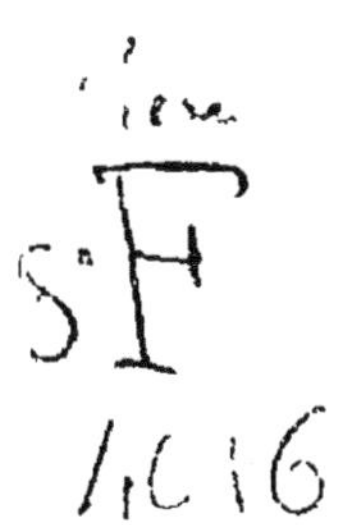

LA
FAMILLE ANNAMITE

ET

LE CULTE DES ANCÊTRES

La famille annamite est étroitement unie. Deux grands principes de droit et de morale la régissent, la dominent : l'autorité souveraine du père et le respect dû aux morts, ou Culte des Ancêtres.

Dans l'ancienne constitution familiale indigène, les pouvoirs du père étaient, pour ainsi dire, illimités. Maître absolu des personnes et des biens, il pouvait disposer, à son gré et sans contrôle, des uns comme des autres : droit de châtier ses enfants jusqu'à la mort, droit de les vendre ou de louer leurs services à quelque créancier exigeant, constituaient autant de prérogatives exorbitantes réunies dans la seule main du maître.

Aujourd'hui, les pouvoirs du chef de famille sont limités par la coutume et par la loi, et réduits, tout en restant très étendus, à de plus justes proportions. Il ne peut plus être question, naturellement, de châtiments corporels appliqués aux enfants jusqu'à leur ôter la vie et la correction paternelle; tout en revêtant, dans la pratique, un caractère qui peut choquer à la rigueur nos idées et nos principes d'occidentaux, est souvent plus équitable et plus douce que celle qu'emploient chez nous certains parents dénaturés. Depuis longtemps déjà, la classe des petits déshérités, victimes innocentes dont les colonnes de nos journaux nous révèlent trop souvent le douloureux martyre, a disparu de la terre de Cochinchine. La faculté d'aliéner la liberté des enfants est également tombée en désuétude; seul, l'usage de placer un enfant mineur comme gage entre les mains d'un créancier a été exceptionnellement maintenue dans quelques familles pauvres. Il tend, d'ailleurs, à disparaître de plus en plus et la justice n'a jamais sanctionné la validité de pareils contrats.

Quant aux biens, il est de règle fonda-mentale que les enfants ne peuvent, du vivant du père, rien posséder en propre ; mais cette règle elle-même a fléchi dans la pratique, lorsque l'enfant, ayant une habitation séparée ou émancipé par le mariage, peut justifier de la possession d'un pécule acquis par ses moyens person-nels, sans le secours ni les subsides de la famille.

Groupés autour de leur père les enfants lui doivent affection, obéissance et respect, et nulle part, peut-être, ces sentiments naturels ne se manifestent avec plus de sincérité et de dévouement.

La piété filiale engendre, en outre, cer-taines obligations spéciales que les lois rituelles ont minutieusement réglementées. C'est ainsi qu'il est formellement interdit aux descendants d'intenter des procès à leurs ascendants, et d'introduire contre eux une action en justice quelle qu'elle soit, sans être préalablement munis d'une auto-risation spéciale, c'est ainsi qu'il leur est également défendu de procéder au partage des biens patrimoniaux ou de se marier pendant les vingt-sept mois lunaires qui constituent la période légale de deuil. Cette dernière coutume, par ticulièrement touchante, honore grandement le peuple qui a su, à travers les siècles, la suivre et la respecter.

Elle a, d'ailleurs, pour origine, un texte des « *instructions et préceptes* » du célèbre philosophe chinois Confucius, ainsi conçu : « Du vivant du père, on doit observer ses « intentions ; après sa mort, on doit re- « garder sa façon d'agir pendant sa vie, et, « pendant trois ans, ne rien altérer à la voie « suivie par lui : c'est là ce qu'on peut ap- « peler avoir de la piété filiale. »

Le fils est tenu, en vertu des mêmes principes, de payer les dettes paternelles. Cette obligation, qui est d'ordre purement moral et qu'aucun texte de loi n'est venu sanctionner, trouve sa source dans l'adage populaire : « *Phu trai tu huon* », « *le père emprunte, le fils rembourse* »; et nous ne pouvons que nous incliner avec respect devant un usage qui a pour effet de confier aux enfants le soin pieux de faire respecter la mémoire de leur père et de la préserver de toute tâche.

Lorsqu'à la suite de dissensions graves de famille, l'enfant se voit impérieusement contraint de défendre contre un ascendant ses intérêts menacés, il ne peut le faire lé- galement qu'avec l'assistance du *truong-toc*, ou chef de la parenté. La loi désigne sous ce nom le membre de la famille annamite auquel son âge donne des pouvoirs géné- raux sur les diverses branches d'une famille de *même nom*, qui se reconnaissent un ancêtre commun. C'est lui qui est le juge conciliateur légal des différends qui peuvent s'élever entre les parents de ces branches ; et c'est également à lui que la loi confie la mission de remplacer le père ou l'aïeul de chaque famille particulière dans ses fonctions d'administration et de protection. « Il surveille, en cette qualité, le partage des patrimoines, les intérêts des mineurs, et il désigne au besoin des tuteurs à ces derniers. Il est le témoin autorisé de tous les actes de la vie familiale. Enfin il veille à la célébration des cérémonies en l'honneur des ancêtres » (1). Ses fonctions qui sont, comme on le voit, absolument générales et qui s'étendent indistinctement à tous les membres de la même parenté, fonctions que le truong-toc tient d'ailleurs, de droit, de la loi naturelle, ne sauraient être confondues avec celles que le conseil de famille confère spécialement au tuteur. Ce n'est qu'exceptionnellement, en effet, et lorsque les intérêts du pupille sont en opposition avec ceux de son tuteur, que le *truong-toc* peut remplacer ce dernier auprès du mineur et l'assister en justice. Dans toutes les autres circonstances, le tuteur reste seul représentant régulier des intérêts de son pupille, le truong-toc remplissant auprès de lui les

---

(1) Luro : *Le pays d'Annam*, p. 212

fonctions de surveillance d'un véritable subrogé-tuteur.

Comme les enfants, la femme annamite est soumise à l'autorité du père de famille, chef de l'association conjugale et seul propriétaire de tous les biens qui en dépendent. Le premier effet du mariage est de faire passer la femme *in manu marite*, en la faisant sortir de sa propre famille pour la placer dans celle de son époux, où elle prend rang aussitôt avant l'aîné des enfants. Mais ce serait faire grave erreur que de croire à son asservissement, en comparant sa condition à celle de quelque servante docile, assujettie aux labeurs les plus pénibles et souvent maltraîtée. Il n'en est rien. L'épouse indigène, aimée et estimée de son mari, aimée et respectée par ses enfants, occupe au foyer familial une place d'élite, et elle l'occupe très dignement. C'est à elle qu'incombent les menus travaux d'intérieur, les soins du ménage, la surveillance et la première éducation de la petite famille. Le couple se livre-t-il à quelque commerce, c'est elle qui en assure le fonctionnement régulier avec une habileté et des aptitudes spéciales inconnues du sexe fort. Lorsque la funeste passion du jeu ne l'absorbe pas, elle n'ignore pas l'épargne ; et nous sommes certains de n'être pas démenti en affirmant que c'est grâce à son esprit d'économie que certaines grosses fortunes indigènes ont pu être édifiées.

La loi s'est plus particulièrement occupée de la condition de la veuve indigène, et a pris soin de la mettre à l'abri du besoin et d'assurer son indépendance dans la famille maritale, en lui conférant l'usufruit légal et viager de tous les biens, meubles et immeubles, dépendant de la succession de l'époux défunt. Cette situation privilégiée, qui confère à la veuve les prérogatives et les pouvoirs de véritable chef de la famille issue de son mari, lui impose, en échange, des obligations et des devoirs qui ne sont, en quelque sorte, que les corrélatifs des droits qu'elle acquiert de ce chef. C'est ainsi qu'elle doit subvenir aux besoins de tous les membres de la cohérie, entretenir en bon état les immeubles successoraux et assurer l'accomplissement régulier des cérémonies du culte. Elle perçoit, à cet effet, tous les fruits, naturels ou civils, que peuvent produire les objets dont elle a la jouissance, et peut même être autorisée, pour assurer le paiement des dettes successorales, à aliéner une partie quelconque du patrimoine immobilier : l'assistance du truong-tôc et des héritiers majeurs est nécessaire, dans, ce dernier cas, pour donner au contrat sa régularité et sa valeur légale.

Nous avons essayé de tracer, dans les lignes qui précèdent, un tableau général de la constitution familiale indigène ; tableau nécessairement un peu aride, en raison des détails purement juridiques qu'il devait contenir. Nous allons, maintenant, si vous le voulez bien, chercher l'Annamite *chez lui*, pénétrer dans son intérieur et le suivre dans sa vie journalière, en vous intéressant à ses labeurs, à ses affections, à ses joies et à ses peines. Nous apprendrons ainsi à le connaître, à l'apprécier et à l'aimer.

L'Annamite, qui a l'amour inné du sol natal et que d'étroits liens d'affection attachent à son toit familial, évite prudemment les importuns et les indiscrets. Dissimulée avec soin derrière une épaisse touffe de bambous, ou bien encore cachée au milieu de quelque vert bouquet de cocotiers et d'aréquiers, tournant même parfois irrévérencieusement le dos à la route voisine, sa case en paillotte est ordinairement précédée d'un jardinet que clôture une haie vive de cactus épineux : qui s'y frotte s'y pique. Quelques légumes usuels, patates et piments, navets et courges, sont soigneusement cultivés dans cet étroit carré de terre ; à proximité, se dresse une petite plantation de bétel : les tiges souples de la précieuse liane s'enroulent en grimpant autour des hauts tuteurs ; et l'on a, en les voyant, la vague souvenance de quelque minuscule houblonnière de nos pays du Nord. L'intérieur du logis est simple comme celui qui l'habite. C'est d'abord, s'étendant sur toute la largeur de la case, une vaste pièce, dont le principal ornement est l'autel consacré à la mémoire et au culte des ancêtres. Il est surmonté d'une icône représentant le vertueux Bouddha gras et joufflu, sa large face épanouie dans un joyeux sourire, il apparaît là comme le véritable Dieu des bonnes gens. Des tablettes à bords sculptés, de massifs brûle-parfums en cuivre poli et des menues baguettes d'encens donnent la sobre ornementation de cet autel familial. Quelques meubles, tables, fauteuils et lits de camps, faits en bois dur ou de bambou, au gré de l'aisance de leur propriétaire, rangés tout autour ; tandis que sur le guéridon central s'alignent invariablement tous les ingrédients nécessaires à la confection de la chique nationale, savoureux bétel, âcre noix d'arec et fine chaux de madrépore colorée en rose tendre. De chaque côté de l'autel s'ouvrent discrètement les portes qui donnent accès dans les appartements plus intimes.

C'est dans ce milieu que l'Annamite, fidèle observateur d'un précepte que nous ferions bien de pratiquer à son exemple, croît et multiplie.

De toutes les institutions qui forment la base de la famille annamite, celle du mariage a retenu plus particulièrement la sollicitude du législateur indigène ; c'est. en effet, celle qu'il a étudiée et organisée avec le plus de soin et dans ses plus minutieux détails. Toutes les règles qui la régissent sont, d'ailleurs, d'ordre purement rituel et familial, et ont conservé, pendant de longs siècles, un caractère essentiellement privé. Nous nous sommes bornés, tout en respectant scrupuleusement les coutumes locales, a y ajouter l'obligation de déclarer l'union ainsi contractée à l'officier de l'état-civil du lieu de sa célébration. Désormais, cette constatation est nécessaire pour lui conférer sa validité légale; et il est admis, en principe, que la preuve régulière du mariage ne peut être faite que par la production de l'acte dressé selon les nouvelles formes prescrites.

Dans l'ancien droit indigène, les rites qui préparaient, accompagnaient et consommaient le mariage, étaient nombreux et compliqués; l'on n'en comptait pas moins de six, auxquels présidait le « *Mai-Duong* », sorte d'intermédiaire remplissant, tantôt le rôle de messager d'amour, tantôt les fonctions de maître des cérémonies, que les deux familles intéressées choisissaient d'un commun accord.

Le premier de ces rites était le « *Lê nap thê* » qui consistait dans l'envoi, par la famille du futur dans celle de la jeune fille recherchée, de l'intermédiaire choisi avec mission de faire aux parents de cette dernière, les premières propositions d'union.

Cette première démarche accomplie, on échangeait entre parents les noms et l'âge des futurs, ainsi que tous les renseignements pouvant intéresser leur condition : ce deuxième rite s'appelait « *Lê văn danh* ».

Puis, intervenait avec le troisième rite, ou « *Lê nap Kiêt* », l'évocation des sorts et pronostics dans le but de rechercher si l'union projetée se présentait sous des auspices favorables ; le résultat de ces opérations était aussitôt communiqué aux familles intéressées.

Le quatrième rite, « *Lê nap trung* » ou « *nap tê* », qui consistait dans l'échange des cadeaux d'usage, étoffes et bijoux, avait une importance capitale : il constituait, en effet, les véritables fiançailles qui liaient les familles et rendaient tout dédit impossible.

On fixait alors le jour même des noces : cette cinquième formalité portait le nom de « *Lê thinh Ki* ».

Enfin, arrivait la célébration du mariage avec l'installation de la nouvelle épouse dans le domicile conjugal ; ce dernier rite s'appelait « *Lê thâu nghinh* ».

Toutes ces cérémonies, dont les détails les plus intimes étaient réglés par la loi, sont tombées en désuétude depuis de longues années ; leur multiplicité et leur complication les rendaient, en effet, trop onéreuses pour les familles, qui les ont remplacées par des cérémonies plus sommaires. Celles-ci comportent, néanmoins, encore trois phases principales désignées sous les noms caractéristiques de *Le di noi*, *Le di hoi* et *Le di cuoi*. La première d'entre elles correspond aux propositions de mariage ou accordailles ; la seconde, aux fiançailles ; et la dernière à la célébration même de l'union conjugale.

Lorsque deux familles ont projeté d'unir leurs enfants par le mariage, elles choisissent, comme autrefois, d'un commun accord, l'inévitable entremetteur ou mai-duong. Celui-ci se rend tout d'abord auprès des parents de la jeune fille et leur fait, au nom de ses clients, des propositions de mariage. Si elles sont agréées, l'on échange, toujours par le même intermédiaire, les cartes rouges sur lesquelles sont inscrits en caractères le nom, l'âge et la date de la naissance de l'un et l'autre des futurs ; puis l'on fixe le jour de la célébration des accordailles (*Le di noi*). Ce jour-là, chacune des familles, réunie devant l'autel des ancêtres, prend soin de les informer de l'événement projeté, en leur demandant leur assentiment et leur protection. Puis, accompagné de son père et de sa mère, le futur se rend au domicile des parents de celle qu'il a choisie, et, se prosternant à deux reprises à leurs pieds, leur offre, d'une main, un plateau contenant de l'arec et du bétel, de l'autre, un vase en porcelaine plein de vin de riz de l'acceptation de ces premiers cadeaux dépend le sort de sa demande. S'ils sont favorablement accueillis, les accordailles sont consommées, et le premier rite du mariage est accompli.

Quand les fiançailles sont ainsi définitivement arrêtées, l'on choisit la date de leur célébration régulière au domicile de la future. Tous les jours, toutes les époques de l'année, ne conviennent pas également à l'accomplissement de ce rite familial : il y a, en effet, des jours fastes et des jours néfastes, et il faut prudemment éviter, dans l'intérêt des futurs époux, de faire tomber son choix sur l'un de ces derniers. Les ancêtres sont, naturellement, consultés.

Cependant les cadeaux qui doivent être offerts par le gendre à ses beaux-parents sont soigneusement apprêtés ; et comme dans les précédentes cérémonies, le bétel et l'arec, renfermés dans les compartiments d'une grande boîte ronde en laque rouge, y figurent à la place d'honneur. Ce sont, ensuite, dans des coffrets également laqués, les divers bijoux dont se parera la jeune épousée, bracelets en jais sur monture d'or ciselé, torsades d'or massif, mignonnes boucles d'oreilles en forme de clous de girofle, bagues et colliers : dans un autre coffret sont renfermées les pièces de soie destinées à ses vêtements de fête. Une paire de cierges rouges et deux vases en porcelaine aux anses entourées de papier rouge et doré, dans lesquels a été versé le vin de riz, complètent, avec le traditionnel cochon, qui joue un rôle si important dans la vie domestique indigène, la liste de ces offrandes. Elles sont solennellement apportées à leurs destinataires par le postulant, suivi d'un nombreux cortège de parents et d'amis : tous ont revêtu, pour la circonstance, leurs plus beaux habits de fête. Chez les jeunes femmes, la note claire et gaie domine, avec leurs robes de soie aux nuances variées, artistement superposées, et leurs colliers en grains d'or dont les multiples rangs s'étalent sur les poitrines : les vieilles suivent à pas menus, leurs chefs branlants et chenus recouverts de ces bizarres chapeaux cylindriques en forme de meules, et leurs membres grêles perdus dans d'amples robes aux longues manches pendantes. Le sexe laid est plus sobre en couleurs : ses vêtements sont généralement de soie noire, ainsi d'ailleurs que les turbans qui s'enroulent autour des chignons soigneusement lissés.

Dès l'arrivée, les cadeaux sont déposés devant l'autel suivant un ordre réglé par les lois rituelles, les cierges et les baguettes d'encens sont allumés, et les grands *laïs* comment. Les ancêtres sont, comme toujours les premiers servis ; puis le gendre se prosterne devant ses beaux-parents auxquels il offre, de nouveau, le vin de riz et le bétel ; le tout est suivi d'un grand festin auquel tous les invités sont conviés.

Depuis plusieurs jours déjà, les mets les plus appétissants, les produits les plus succulents de la cuisine indigène ont été préparés avec soin : placés sur de grands plateaux de cuivre, ils sont disposés en bon ordre, à côté des menues friandises et des pâtisseries de fine farine de riz, sur le vaste lit de camp qui occupe tout un côté de la salle de réception. Il y en a pour tous les goûts : petits cochons de lait à la peau croustillante et grillée à point ; brouets d'herbes et de légumes vigoureusement pimentés, poissons du Grand-Lac salés et séchés, viandes bouillies coupées en menus morceaux ; fin *nuoc-mam* de *Phuquoc* dont les gourmets d'Annam apprécient l'odorante saveur comme nous dégustons nous-mêmes le délicat bouquet de quelque haut crû de Bordeaux ou de Bourgogne. Cependant les grandes bolées de riz, qui remplacent ici notre pain de France, sont apportées ; Et les convives, installés à la ronde, à *croupetons*, dans cette posture originale que les enfants de *Nam-ky* affectionnent tout particulièrement, font gaiement tricoter leurs baguettes et fonctionner avec entrain leurs mâchoires bien endentées. Le tout est copieusement arrosé de thé clair de Chine et de *chum-chum* de première marque.

Le rite des fiançailles se termine ainsi dans la joie du festin ; et l'on se quitte en se donnant rendez-vous pour le grand jour de la noce.

Comme les précédents, il est choisi, d'accord parties, parmi les jours propices ; et, comme dans les précédentes cérémonies, les cadeaux jouent un rôle prépondérant dans l'accomplissement de ce rite définitif. Leur composition diffère peu de celle que nous venons d'énumérer à l'occasion des fiançailles, et leur remise est soumise aux mêmes formes rituelles. Les ancêtres reçoivent, comme toujours, leurs tributs d'hommages ; et les mêmes marques de respect sont prodiguées aux parents de chacun des conjoints.

Puis, arrive enfin le moment solennel de conduire les nouveaux époux dans leur véritable domicile conjugal, de les faire pénétrer dans la chambre nuptiale qui les attend.

Maintenant, à travers l'immense plaine ensoleillée, le long de l'étroit sentier que bordent à l'infini les rizières verdoyantes, le cortège nuptial s'achemine gaîment vers la case maritale. La jeune épousée, qui délaisse pour la première fois le toit paternel sous lequel s'est écoulée son insouciante enfance, s'avance lentement au milieu des groupes bruyants des invités, toute mignonne dans ses pimpants atours de fête : elle va rendre à sa nouvelle famille ses premiers hommages d'obéissance et de dévouement filial. Cependant les parents de l'époux, assis côte à côte au pied de l'autel des ancêtres, attendent, impassibles, l'arrivée de leur bru. Celle-ci se dirige vers eux, et, après leur avoir offert le bétel et le vin, se prosterne par quatre fois devant l'un et l'autre, en de grands laïs respectueux. Un copieux repas termine cette cérémonie familiale, et le dernier rite du mariage (Lê di cuoi) est dès lors accompli. Une nouvelle famille vient de se créer ; une souche nouvelle vient de se greffer sur la vieille souche ancestrale pour la revivifier et la rajeunir. La jeune femme appartiendra désormais toute entière au maître qu'elle a choisi ; et, auprès de lui, elle accomplira paisiblement une vie longue de labeur, entrecoupée de fréquentes maternités et de quelques bruyants *nam-và* avec des voisines peu accomodantes.

Toutes les cérémonies que nous venons d'esquisser ont été rigoureusement réglementées par le législateur ; mais, à côté d'elles, la coutûme a maintenu, surtout dans les familles pauvres, un usage d'une piquante originalité, que nous ne saurions passer sous silence. On le désigne par l'expression caractéristique de « *Lam-rê* », *faire le gendre*. Lorsque le jeune homme a été officieusement agréé, mais avant les fiançailles rituelles (Lê di hoi), il est tenu de se mettre au service des parents de celle qu'il recherche. Cette épreuve, parfois fort pénible, doit leur permettre, en effet, d'apprécier ses qualités et ses défauts, ses aptitudes spéciales, et surtout sa patience et la douceur de son caractère ; et, à la moindre infraction, le gendre *in partibus* est impitoyablement mis à l'amende. C'est ainsi que cette petite combinaison peut devenir, pour ceux qui savent l'exploiter, une double source de profits. Hâtons-nous d'ajouter que cette coutûme, d'une moralité un peu douteuse, tend à disparaître de plus en plus des mœurs indigènes(1). Comme chez nous, le mariage se dissout par le divorce ou par la mort de l'un des époux.

Le divorce a toujours été inscrit dans la législation indigène. L'ancien code de Gia-Long édictait sept cas différents de divorce, tous dirigés contre la femme : leur énumération renferme, en quelques mots, toute une étude de mœurs. C'étaient, la stérilité, l'inconduite notoire, le manque de respect envers les parents du mari, le *bavardage* et la médisance, le vol, la jalousie et les infirmités de nature à rendre l'épouse impropre à la génération. La loi, prévoyait, par contre, trois cas d'empêchement du divorce qui ne pouvait être prononcé lorsque la femme avait porté avec son époux un deuil de trois ans, lorsque les époux, primitivement pauvres, s'étaient enrichis pendant le mariage par leur travail commun ; enfin, quand la femme n'avait plus aucun parent pour lui donner asile.

Le législateur reconnaissait enfin le divorce par consentement mutuel « lorsque, dit-il, l'époux et l'épouse ne peuvent s'ac-

---

(1) Certaines familles israëlites, plus particulièrement en Alsace, ont conservé un usage analogue.

corder ensemble et que tous deux désirent
la séparation. Il convient d'ajouter, en outre,
à cette énumération, un véritable cas spécial de divorce établi par la loi au profit de
la femme abandonnée : celle-ci peut, en effet,
trois années après la fuite constatée de son
époux, se remarier sur autorisation accor-
dée par les tribunaux.

Sous le régime actuel, le divorce peut
être demandé par chacun des époux contre
son conjoint, pour excès ou sévices graves,
pour condamnation à une peine infamante
et en cas d'absence déclarée. D'autre part,
la femme qui commet un adultère, qui
abandonne le domicile conjugal ou qui se
livre, sur les parents de son époux, à des
excès ou sévices. Le loi nouvelle a également maintenu le divorce par consentement
mutuel, tout en l'entourant de certaines
précautions tutélaires et en le soumettant à
certaines règles spéciales. C'est ainsi que ce
mode de dissolution du mariage ne peut
être admis dans le cas où l'union a duré
moins de deux années ou plus de vingt ; il
en est de même lorsque le mari a moins
de vingt-cinq ans ou quand la femme en a
moins de vingt ou *plus de quarante-cinq*. (1)

Les demandes en divorce introduites en
justice pour excès ou sévices graves ou
pour abandon du domicile conjugal sont

---

(1) Voir, pour toutes ces prescriptions. le
décret du 3 octobre 1883. titre VI, Michel. Code
sup., page 419.

les plus fréquentes et dans la plupart d'entre elles l'on retrouve la maligne intervention de la belle-mère. C'est, parfois, la mère du mari qui, jalouse de son autorité, la fait peser trop durement sur sa bru asservie, mais plus souvent encore l'influence néfaste de la mère de la femme parvient à détourner celle-ci de ses devoirs en l'arrachant au foyer conjugal pour lui faire rejoindre le toit maternel. Ces détails de mœurs nous prouvent qu'il n'y a rien de nouveau sous le soleil, et que les belle-mères de nos pays d'Occident n'ont rien à envier à celles qui sévissent sur la terre lointaine d'Annam.

La mort est douce en Cochinchine ; et loin de l'appréhender, l'annamite la voit venir avec calme. Son éducation et ses croyances l'ont, en effet, également accoutumé à regarder en face, sans crainte et sans faiblesse, le terme fatal ; et quand sonne l'heure du grand départ, il est prêt à marcher. Dès longtemps d'ailleurs, sont prises ses dispositions suprêmes. Depuis plusieurs mois déjà, la bière en bois dur, dans laquelle il doit reposer, commandée chez le bon faiseur, occupe une place d'honneur au milieu du mobilier familial ; et celui qu'elle attend a pu en apprécier à loisir toutes les commodités, tous les avantages. Mais la fin approche : groupés autour du lit du mourant, ses enfants recueillis reçoivent de lui ses dernières volontés, que les notables du hameau consignent dans un écrit authentique : l'avenir du patrimoine ancestral est assuré.

Maintenant, tout est prêt, et celui que la mort guette peut partir tranquille.

Il embrasse d'un dernier regard tout ce qu'il aime sur cette terre, et, paisiblement, avec cette douce et philosophique résignation qui a fait des petits Nippons, tombés au champ d'honneur dans les plaines ensanglantées de la Mandchourie, autant d'inconscients héros, il s'endort de son dernier sommeil. Il sait, en partant, qu'il ne meurt par tout entier et que sa mémoire restera pieusement vénérée par les êtres chers qu'il laisse derrière lui.

Le grand culte des Morts, que la fête de la Toussaint a pour objet de commémorer dans nos pays d'Europe, est une des plus consolantes manifestations de l'âme humaine : dans tous les pays, sous toutes les latitudes, il reçoit également, sans distinction de races ni de religions, sa solennelle consécration. Plus nous avançons dans la vie, plus nombreux se font, en effet, autour de nous, les vides irréparables, plus nombreuses se creusent les tombes. C'est là l'inexorable loi de la nature ; mais c'est encore dans le souvenir de nos chers morts et dans le respectueux amour que nous leur conservons, que nous trouvons, en attendant, la meilleure part de consolation. C'est toutefois dans le lointain pays d'Annam que les manifestations de regrets dont on entoure ceux qui ne sont plus, se rencontrent plus particulièrement vivaces et tou-. chantes ; et l'on peut dire que l'ensemble des croyances des sceptiques enfants de la terre de Nam Ky se résume, en quelque sorte, dans l'unique *Culte des Ancêtres*.

Ici, chaque case, si pauvre soit-elle, chaque sampan. renferme. à la place d'honneur, un petit autel exclusivement réservé à la mémoire des parents disparus et devant lequel brûlent incessamment, en fumée odorante, les minces baguettes d'encens. C'est devant lui, au pied des tablettes sur lesquelles sont gravés en caractères dorés, les noms des ancêtres vénérés, que le chef de la famille vient se prosterner journellement en de rituelles génuflexions ; c'est à lui que sont réservées les prémisses de la récolte, les fruits les plus savoureux, les mets les plus recherchés. Je me hâte d'ajouter que ces offrandes ne sont pas perdues ; que les vivants, en se souvenant des morts, n'ont garde de s'oublier eux-mêmes.

Nous verrons, dans une autre partie de ces études, quelles sont, en dehors de ces pratiques quotidiennes, les principales cérémonies auxquelles peut donner lieu la célébration de ce rite familial. Il nous reste à examiner ici les mesures spéciales que le législateur indigène a eu soin de prendre pour assurer son fonctionnement régulier. La plus importante d'entre elles est l'institution, dans chaque patrimoine, de biens spécialement affectés au culte et soumis, par leur nature même, à des règles d'exception.

L'institution des biens du culte (*Tu san*) est l'une des plus anciennes et des plus populaires de la société annamite. Elle est, par son essence et dans sa pratique, tout à la fois familiale et religieuse et constitue, en quelque sorte la manifestation extérieure du respect accordé à la mémoire des ancêtres.

L'affectation la plus nouvelle des immeubles familiaux au culte est celle du *Huong-hoa* : les deux caractères qui servent à la désigner représentent *les parfums* et le *feu* qui brûlent sur l'autel de la famille en l'honneur des ancêtres. Nous trouvons dans Luro, cet inépuisable guide en matière de coutumes et de mœurs indigènes, la définition suivante de cette institution : « *On appelle Huong-hoa la portion du patrimoine destinée à subvenir au culte des ancêtres et à l'entretien des* « tombeaux ». Au bénéficiaire du *Huong-hoa* incombe donc l'obligation d'en affecter les revenus aux sacrifices et aux offrandes destinés aux ancêtres de la famille. Nous savons que ce culte spécial se rend le plus souvent dans la maison familiale elle-même, sur l'autel et devant les tablettes qui y occupent la place d'honneur ; seules, quelques familles riches s'offrent le luxe exceptionnel d'un petit temple *(nha-tho)* élevé à proximité de leur demeure. C'est également sur le terrain affecté au *Huong-hoa* que se trouvent les tombeaux de la famille, et leur entretien est également assuré à l'aide des revenus spéciaux de cet immeuble.

Le bénéficiaire du *Huong-hoa* qui néglige de remplir ces obligations, celui surtout qui se permet d'aliéner la part affectée au culte, encourt la déchéance de ses droits de jouissance : l'un des caractères essentiels du *Huong-hoa* est, en effet, son absolue *inaliénabilité*. C'est au conseil de famille qu'il appartient de prononcer cette indignité spéciale et de désigner le nouveau bénéficiaire. Les questions plus graves de désaffectation d'un bien de *Huong-hoa* ou de son aliénation par suite d'extinction du culte sont soumises à l'assemblée plènière de la famille, et les femmes peuvent prendre part à cette délibération. Ces dernières sont d'ailleurs, d'après la loi indigène, absolument inaptes à rendre le culte, soit par elles-mêmes, soit par des intermédiaires : la coutume leur reconnaît seulement le droit de faire certaines offrandes aux ancêtres et d'entretenir les tombeaux.

La constitution du *Huong-hoa* aurait pu devenir un véritable abus, en comprenant, si elle n'avait été limitée, la totalité d'une succession patrimoniale. Le législateur annamite a prévu ce cas et y a porté remède en décidant que la contenance et la valeur de l'immeuble affecté au culte ne pourraient jamais excéder une part d'enfant.

La loi indigène a soumis, en outre, cette institution à des modes de publicité spéciaux destinés à révéler aux tiers l'existence de cette affection religieuse qui met les biens immeubles qui en sont grevés hors du commerce et les frappe d'indisponibilité. C'est ainsi que la fondation d'un bien du culte doit être mentionnée sur le *Dia-Bô* de la commune de la situation, en regard de l'inscription qui s'y rapporte ; ils doivent en outre, être désignés par une indication en caractères gravés dans la pierre. Si ces conditions ne sont pas observées, l'acquéreur d'un *Huong-hoa* est présumé de bonne foi et ne peut-être inquiété.

Il résulte, en résumé, des considérations générales que nous venons d'exposer, que le *Huong-hoa* n'est, aux mains de celui qui le possède, qu'un usufruit, une sorte de majorat, la nue-propriété de l'immeuble qui y est affecté appartenant à la famille tout entière. En vertu des mêmes principes, le père ne peut, malgré la liberté absolue de tester instituée par la loi indigène, enlever le droit du *Huong-hoa* à son premier-né : c'est, en effet, la loi et non la volonté du père qui fait de l'héritier mâle aîné le *Dich-tu* ou bénéficiaire des biens du culte.

A côté du *Huong-hoa* nous trouvons dans le *Duong-lao* un autre mode de constitution des biens du culte. Le

Duong-lao, ou *part de vieillesse* (de *Duong* nourrir, et *Lao*, vieillesse) est une portion d'héritage dont les revenus sont affectés à un ascendant durant sa vieillesse. Il est soumis, à peu de chose près, aux mêmes règles que le *Huong-hoa* : il est, comme lui, inaliénable, mais il devient, de droit, partageable entre tous les héritiers au décès de son bénéficiaire. L'institution d'un *Duong-lao* est, en effet, essentiellement viagère, et est uniquement destiné à mettre la personne qui en jouit à l'abri du besoin pendant ses vieux jours.

Le *Tuyêt-tu* est une autre institution spéciale du culte (*tuyêt*, définitif, *tu* culte). L'on entend par ces mots une part de l'héritage patrimonial instituée par des collatéraux pour honorer la mémoire d'un parent (ordinairement frère ou sœur) décédé sans postérité. Les règles générales que nous venons de résumer à l'occasion du *Huong-hao* trouvent également leur application en matière de *Tuyêt-tu*. Toutefois, l'inaliénabilité du *Tuyêt-tu* prend fin à la deuxième génération.

Pour être aussi complet que possible dans cette étude sommaire des biens du culte, il nous reste à mentionner encore une institution spéciale désignée sous le nom de *Lap-Tu* et qui consiste dans une institution de postérité faite par l'intéressé lui-même pour continuer sa souche et assurer, après sa mort, la célébration du culte dû à ses mânes. L'on sait, en effet, que les femmes n'ont, en règle générale, aucune qualité pour accomplir les rites et procéder aux sacrifices réglementaires ; que les enfants des filles sont frappés de la même incapacité que leurs mères, et que c'est en vertu de ce principe que le Huong-Lao s'éteint avec le dernier représentant de la branche mâle de la famille pour redevenir bien commun.

Une autre manifestation extérieure du culte respectueux voué à la mémoire des morts est le deuil sévère auquel sont astreints les parents directs du défunt. La loi a minutieusement réglé toutes les conditions dans lesquelles il doit être observé, ainsi que sa durée.

La deuil spécial des père et mère est de trois années, mais il se réduit, dans la pratique, non pas à deux ans, comme le dit Philastre dans son savant commentaire du Code annamite, mais à vingt-sept mois lunaires correspondant à trois anniversaires. Nous savons déjà que, durant cette période, la loi impose strictement aux enfants des obligations et des dépenses qu'ils ne peuvent enfreindre.

En ce qui concerne les vêtements de deuil, le législateur a également prévu, avec la plus scrupuleuse attention, leur forme, leur couleur et leur tissu. Nous ne pouvons que renvoyer, pour l'étude spéciale de cette intéressante partie du droit indigène, aux explications coordonnées qui en ont été données par le même auteur (1). On y trouvera de curieux détails, de nature à faire frémir nos mondaines de France, où le deuil lui-même est parfois élégant et soumis aux frivoles mais impérieuses lois de la Mode.

G. DURRWELL

(1) V. Phil. G. Ann. tome 1er pag. 71 et suivantes.